DISCOURS PHILOSOPHIQUE

SUR LES

FRAYEURS DE LA MORT.

TRADUIT DE L'ALLEMAND,

DE

ADAM WEISHAUPT.

A HAMBOURG,
Chez P. F. FAUCHE et Comp.
Imprimeurs et Libraires

MDCCLXXXVIII.

AVANT-PROPOS DU TRADUCTEUR.

L'Auteur, actuellement Conseiller aulique du Duc de Saxe-Gotha, dans les états duquel il a trouvé un azile contre la persécution. Ci-devant professeur à l'université d'Ingolstadt en Baviére, passe pour être le chef et le fondateur de la société des illuminés en Baviére. C'est en cette qualité qu'il a été persécuté, poursuivi, banni et que sa tête a été mise à prix. Il a été calomnié et accusé, par une cabale acharnée à persécuter les amis de la vertu et de la vérité; intéressée à éteindre le flambeau de la raison, et à retenir les hommes sous le despotisme de l'ignorance la plus honteuse; d'avoir favorisé et prêché l'irréligion, l'athéisme, le régicide, l'assassinat; d'avoir répandu les principes les plus contraires aux bonnes mœurs; d'avoir encouragé les peuples à se soulever contre leurs souverains, les enfans à secouer le joug de l'autorité paternelle, et d'avoir semé la discorde dans les familles. Plusieurs ouvrages sortis de sa plume, qui ne respirent que les sentimens de la vertu, de l'humanité et du stoïcisme le plus pur, suffisent pour réfuter toutes ces calomnies; et l'on peut juger par le discours dont voici la traduction, et que des fanatiques ignorans ont prétendu favoriser le suicide, combien l'on peut ajouter foi à de pareilles accusations.

DISCOURS
PHILOSOPHIQUE
SUR LES
FRAYEURS DE LA MORT.

Entouré d'enfans bien nés et bien élevés, à côté d'une épouse fidèle et chérie, doué de force et de vigueur, affranchi de maux, pourvu de toutes les nécessités de la vie, jouissant souvent même du superflu, estimé de ses amis, auxquels il cherche à se rendre utile, sans craindre d'ennemis, parce qu'il n'offense personne; l'honnête homme parcourt sa carrière terrestre avec un esprit tranquille et dégagé de soucis, cheminant dans les voyes de la vertu, qui lui assure une bonne réputation et fait naître des fleurs sous ses pas. Il est convaincu que la nature libérale n'a point mis à la jouissance d'un état aussi heureux des conditions si difficiles à remplir, qu'il ne puisse devenir le partage de tous, ou du moins, du plus grand nombre des hommes, s'ils vouloient écouter davantage la voix de la raison, réfléchir avec plus de sang froid, et se laisser moins entrainer par les passions, et par l'imagination. Instruit par la raison à borner ses désirs, à ne rien souhaitter d'impossible,

possible, il seroit aisé à tout homme, de remplir de même sa carrière avec aussi peu de soucis. Tous les jours de sa vie seroient marqués par le contentement et une félicité bien désirable seroit son partage.

Mais, mécontens des joyes tranquilles, moderées et isolées de la vie privée; éblouis, trompés par les folies du monde, par l'état et les plaisirs bruians de ceux qui nous entourent; jaloux du bonheur des autres, remplis du désir de les surpasser; insatiables dans la soif d'acquerir des biens passagers; vains, enflés du sentiment de notre propre force; ardens dans la poursuite des grandeurs, et du pouvoir; notre imagination se soulève pour étourdir et pour bannir la raison; elle nous substitue de fausses images; elle nous représente les choses impossibles comme très aisées; elle détourne notre attention des choses dont nous jouïssons effectivement, pour la fixer sur celles qui nous manquent, et nous remplit, par cette comparaison, d'un dégoût et d'une aversion invincible, pour les biens actuels et permanens, quoique moins brillans. C'est de cette façon que la paix s'éloigne de nous; que le mécontentement, que les soucis rongeurs se mettent à sa place. Nous formons des projets, nous faisons des plans, qui nous conduisent à des actions dont nous n'avons pas prévû les suites; sans égard aux prétentions des autres, aussi bien fondées que les nôtres; sans égard aux oppositions, auxquelles nous devrions nous attendre;

et sans avoir calculé les forces nécessaires pour les surmonter : les difficultés innombrables qui les accompagnent, doivent nécessairement réveiller en nous le sentiment de notre foiblesse, exciter la jalousie et l'envie qui étoufferont la bienveuillance naturelle. Nous aurons recours à la force et à la ruse ; tous les biens exterieurs perdront leurs attraits, et ne serviront qu'à aiguiser nos peines et nos tourmens. Le nombre de nos ennemis s'augmentera, celui de nos amis décroîtra, en raison de la diminution de notre bienveuillance, et de l'accroissement de nos prétentions : l'intérêt seul sera la règle de notre conduite ; nous serons mécontens du monde entier, et enfin, dans une assiéte d'esprit aussi étrange, cette terre destinée à notre félicité, deviendra pour nous une vallée de misère.

C'est ainsi que par notre folle conduite, nous empoisonnerons nous mêmes dans sa source la plus pure, le plaisir qui se trouve universellement répandu, et qui naît sous nos pas. C'est ainsi que tout homme, par un amour de soi-même mal entendu et porté à l'excès, deviendra son propre bourreau, l'artisan de ses peines et de ses tourmens. C'est ainsi qu'une imagination déréglée, fougeuse, et indomptable, éloigne de nous ces jours sereins, cette vie heureuse, tranquille et patriarchale, qui seroient infailliblement devenus le partage de celui qui se seroit laissé guider par la raison, qui auroit su retenir dans de justes bornes les essorts de són imagination et de ses désirs.

La preuve la plus manifeste de la foiblesse de notre esprit, et de notre déraison, c'est que devenus les artisans de nos propres maux, c'est hors de nous mêmes que nous cherchons cet ennemi de notre repos. C'est donc à tort que nous accusons la providence. C'est par une coupable interprétation des vues de la toute-puissance divine, que, semblables aux enfans mutins, nous murmurons contre l'arrangement de ce monde, que, pour nous disculper, pour masquer nos fautes, et suivre sans empêchement nos penchans, nous prenons à tache d'imputer tout le mal à un être tout bon, tout rempli de sagesse. C'est nous, c'est nous seuls qui repoussons malicieusement tous les biens qui nous sont offerts en si grande abondance, sans vouloir y toucher. C'est nous qui sommes nos plus grands, nos plus implacables ennemis, en nous rendant le centre de tous les êtres, le but de la création entière. Nous exagerons nos prétensions, nous voulons trop, l'impossible même. Nous nous laissons aveugler par le moment présent; nous ne voulons pas envisager les suites éloignées; nous méprisons la voix de la raison; nous négligeons la culture de notre esprit; nous refusons de réconnoître l'ordre et l'arrangement qui règnent dans les plans de l'être suprême, et nous fermons les yeux sur l'enchainement général et merveilleux qui annonce sa sagesse. C'est ainsi, qu'en considérant tous les objets, tous les événemens sous un faux point de vue, qu'en rapportant uniquement tout à nous mêmes, tout doit en partant d'un principe aussi erroné, nous paroître fautif, mal entendu, et contradictoire; c'est ainsi que nous devons nécessairement prendre de l'auteur de cet univers, les idées les plus absurdes, les plus imparfaittes; nous le représenter comme un être qui ne demande que le malheur, la destruction de sa créature, ne prenant aucun plaisir à se faire aimer, mais voulant seulement être craint; comme le tyran le plus inflexible qui ne nous prescrit des choses impossibles, que pour avoir occasion de nous rejetter, et de nous tourmenter, même dans l'avenir.

Avec de pareilles notions de la divinité, de l'arrangement du monde, et de l'avenir, qui sont des suites nécessaires d'un amour propre porté à l'excès; il ne doit nullement paroître surprenant, si le mécontentement et la misère dominent parmi les hommes. Ce n'est qu'en affoiblissant ou en effaçant entiérement des notions aussi destructives de notre bonheur, que nous pourrons parvenir à ramener la tranquillité et le contentement. Les moyens nous en sont donnés. Il ne sagit que de changer notre façon de penser; mais si nous refusons de les employer, nos murmures sont sans fondement, nos peines et nos souffrances justement méritées, et nos maux volontaires. C'est dans cette situation, que les soins du petit nombre de sages, qui s'efforcent de nous éclairer sur cette matière, que la philosophie même, doivent être régardés comme le plus grand bienfait accordé aux hommes; c'est elle qui répand la lumiére sur les vrais intérêts de l'homme, qui prescrit à ses passions des bornes, au de-là desquelles commence l'empire des douleurs; c'est elle qui nous enseigne à nous mettre en garde contre ces ennemis de notre repos, à mépriser leurs dangereuses amorces, et à leur accorder moins de pouvoir pour assujettir la raison; c'est par son secours que nous reconnoissons la bonté, la sagesse de Dieu; l'ordre, l'enchainement et l'essence de tout ce qui existe; c'est elle qui fait tomber le masque qui couvre le mal, et nous démontre que tout ce qui est l'effet d'une cause bonne et parfaitte en elle-même, ne sauroit être que bon et parfait; que tout ce qui existe n'a pour but que notre bien-être. C'est elle qui donne à notre esprit une marche, des principes assurés, au moyen desquels il apperçoit dans les maux mêmes un fond inépuisable de biens. C'est ainsi qu'en dépouillant de sa laideur, tout ce qui nous cause de l'horreur, qu'en nous mettant à la place d'où nous pouvons découvrir dans son vrai jour, l'ensemble de tous les êtres, elle multiplie les sources du bonheur, soulage notre ame de ses angoisses et lui montre le chemin du repos, de la paix, et de la joie.

De toutes les illusions qui affectent le plus cruellement notre imagination, les plus terribles sont certainement LES FRAYEURS DE LA MORT. La philosophie de la plu-part des hommes échoue devant ce fantôme de notre esprit. Toutes les grandeurs de la terre s'abaissent devant lui, et le plus grand monarque voit s'approcher avec un œil rempli d'épouvante le moment qui va le faire descendre de sa grandeur, la dissiper d'un souffle comme une boule de savon, pour transporter l'homme nud, dépouillé, dans une région inconnue, où il se perdra comme une goute d'eau dans l'immense océan, au milieu de cette foule inombrable d'êtres, qui l'auront précédé, à moins qu'il n'y soit accompagné d'actions qui lui frayent le chemin dans cette région des esprits; car l'empire de la mort ne distingue point les rois. Il le sait; il le sent, et détourne avec horreur les yeux d'un objet, dont le souvenir dissipe le songe de ses grandeurs temporelles. L'homme attaqué de cette terreur, meurt mille et mille fois, avec le désir insensé de ne jamais mourir. Sa vie entière n'est qu'une mort continuelle; et toutes les douceurs en sont changées en amertume. Ses craintes ne font qu'accélerer le moment qu'il voudroit reculer. Le repos ne sauroit séjourner un moment dans son ame. L'image effrayante de ce squelette hideux, accompagne tous ses pas, s'introduit au milieu de tous ses plaisirs. Il croit l'entendre siffler dans les airs, murmurer dans les ruisseaux, le voir à côté de ses trésors, s'attacher à ses pas, le suivre aux jeux et dans la danse, il croit même le sentir sur les lèvres de l'objet de ses amours. Tous les efforts que fait son ame pour participer aux plaisirs, ne sauroient effaçer la pensée de la mort. Ce souvenir les empoisonne:

Un tel homme sera pendant tout le cours de sa vie l'esclave le plus timide le plus abject, incapable d'aucune action héroïque. De tous ceux qui se sont abandonnés à la crainte de la mort, en est-il qui ayent vécû avec plus de contentement, dormi plus tranquillement, mieux joui de la vie, ou qui aient pû la prolonger? en est-il à qui cette crainte ait fait reculer l'époque de ce sort inévitable? qu'elle ait rendus plus fermes, plus intrépides? au contraire, toutes les grandes actions ont été produites par le mépris de la mort. Les grandes ames ont même adopté le principe, que la vie n'étoit qu'un bien passager, momentané, qui ne devoit point être considéré comme fin, mais comme moyen, pour jouir d'autant mieux et avec plus de liberté de l'existence. Cet attachement excessif à la vie, n'a jamais porté personne à arrêter les progrèts des flammes, à secourir l'inocence opprimée, à combattre pour son dieu, ses amis, sa patrie, à défendre ses droits; à creuser des abimes, à fouiller les entrailles de la terre, à parcourir les mers, et à découvrir de nouveaux continens. Il ne donne pas même assez d'énergie pour commettre de grands crimes, des forfaits attroces. Il avilit au dessous de la bête: quoi que la nature bienfaisante ait soumise celle-ci au même sort, elle l'a sagement privée de la faculté de prévoir sa destruction, parce qu'elle ne pouvoit en même tems, lui accorder la raison pour balancer et affoiblir cette impression désavantageuse. Elle nous auroit, en vraie marâtre, placés au dessous des bêtes, si avec la faculté de prévoir la nécessité de notre dissolution, elle ne nous eut donné, au moyen de la raison, celle d'éloigner des impressions aussi désagréables. Elle nous en dédommage, en nous faisant appercevoir dans l'avenir, des objets d'une toute autre nature, une existence plus grande, plus heureuse, qu'elle devoit cacher à des êtres, qui dans l'enchainement établi, se trouvoient placés à un degré au dessous de nous: c'est pourquoi elle a mieux aimé priver les bêtes du préssentiment de leur destinée, que de les exposer à des peines, contre lesquelles elle ne pouvoit leur fournir de contre-poids, dans l'emplacement qui leur avoit été assigné, sans les élever par le don de la raison à notre niveau, et par conséquent, sans occasionner par là, un vuide aussi inutile qu'impossible, dans la grande échelle des êtres.

Quoiqu'il soit démontré par cet exposé; combien peu la mort doit paroître étrange et effrayante aux yeux de l'homme sensé; combien plu-tôt même il doit en souhaitter l'approche; car quel est le mortel qui n'ait souvent tourné ses regards vers l'azile du repos? il n'en est pas moins vrai, au contraire, que ses frayeurs se sont emparées de la plupart des hommes. C'est pourquoi la philosophie, tant ancienne que moderne, qui n'est que la science du bonheur et de la félicité, bien convaincue qu'on ne sauroit atteindre à cette félicité sans le mépris de la mort, s'est appliquée dans ses écoles, à ne nous faire envisager cette vie que comme un état de préparation à la mort; à nous enseigner à nous avancer avec fermeté au devant d'elle; à ne point craindre ses regards, mais à nous familiariser, pour ainsi dire, avec elle. Oui, personne ne sauroit prétendre avec quelque fondement au titre de vrai philosophe, à moins qu'il ne soit porté de coeur et d'ame, à payer avec joye et sans murmure, le tribut à la nature; à se trouver pret et disposé à quitter à chaque instant le séjour d'ici bas, pour passer doucement dans une région plus fortunée. C'est à la tranquillité de l'ame, au calme de l'esprit qu'on peut seul reconnoître l'élève du vrai sage. Et toi! qui aimes à te glorifier du nom de chrétien de philosophe, sois assuré, qu'aussi longtems que tu seras troublé par l'inquiétude, que tu sentiras l'aiguillon de l'envie, que tu trembleras à l'idée de la mort; aussi longtems que tu te livreras au chagrin, que tu n'auras pas encore appris l'art de puiser des sujets de satisfaction de tous les évenemens de la vie; aussi longtems, dis-je, ta sagesse et ta félicité demeureront foibles et imparfaittes. Il est encore beaucoup de ces ames foibles. Et c'est à la honte de la raison, et de la philosophie, que ceux qui en font profession, doivent encore apprendre à mépriser, ce que l'esprit le moins exercé, l'esclave le plus bas, le plus borné, endúrent souvent avec la plus parfaitte indifférence, la plus grande fermeté. C'est par cette raison, que de tous les sujets qui sont du ressort de la philosophie, il n'y en a aucun qui demande à être traitté avec plus de force et d'énergie, avec plus d'éloquence; afin de nous rendre fermes, inébranlables, semblables à l'image de Dieu, d'hommes foibles et pusillanimes que nous sommes. C'est à la lumiére de la philosophie que nous devons éclairer notre esprit; c'est elle qui nous fait découvrir la joye et la félicité; c'est par son moyen que nous serons mis à même de pouvoir règler nos désirs de ne prétendre à quoi que ce soit de contraire aux volontés de l'être suprême; au but de la nature. Elle prévindra les vœux indiscréts; elle ne nous permettra de sentir de nos peines que celles qui sont inséparables de notre nature, et qui n'existent que parce qu'elles sont une préparation, une gradation à des jouïssances d'une toute autre nature, que nous avons encore à attendre; et parce qu'une vie entiérement dégagée de toute peine, séroit la vie la plus insipide et la plus dégoutante, et par conséquent une prétension impossible à satisfaire.

Pourquoi donc l'homme craint-il si fort la mort? d'où peut lui venir ce penchant incompréhensible à troubler son repos, à devenir pour toujours son propre bourreau, et à perdre par là la jouïssance du présent, bien loin de pouvoir espérer le moindre accroissement d'un bonheur qu'il poursuit inutilement? pourquoi prolonger et se nourrir, pour ainsi dire, d'un mal inévitable, momentané, et qui n'est pas même sensible? c'est en renonçant à la raison, en embrassant de fausses idées, des fantômes; en nous abandonnant à une imagination trop active, trop emportée, trop exaltée, que nous devenons les assassins de notre repos, de notre bonheur.

Toi, qui as mené une vie qui fait honte à l'humanité, et que tu n'as consacrée qu'au tourment, à la perte de tes semblables! Toi, qui n'as employé qu'à l'oppression, le pouvoir qui t'avoit été donné pour faire le bien! malheureux! n'importe que tu sois tourmenté, harcellé sans relache! que la perte de cette vie, et les frayeurs de la mort t'écrasent de leur poids insupportable! marches dans la vallée obscure de la mort, que son ombre te poursuive et te tourmente incessamment! que les furies vengeresses, les cris des opprimés, le sang que tu as fait verser te suivent en tout lieu, et que les peines d'Ixion, de Sisyphe et de Tantale, les frayeurs du Diable et de l'enfer, avec tout ce que le paganisme et le christianisme ont jamais inventé de plus terrible; n'importe, dis-je, que toutes les images qu'à emprunté l'esprit inventif des tyrans de la terre, pour peindre avec toute l'horreur possible le lieu de la vengeance destinée aux criminels, se retraçent à chaque instant de la vie, à ton imagination, pour t'empêcher de goûter aucun plaisir! Les sophismes d'une réconciliation tardive et facile, avec l'être suprême, ne pourront te tranquilliser. Tous les trésors que tu as accumulés ne pourront te racheter de la peine qui t'attend; moi-même, je m'éfforcerai d' échauffer encore davantage ton imagination, de mettre sous les yeux un tableau qui comprendra tout ce que la nature renferme de plus épouvantable, et qui fera reculer ton ame d'horreur. Je te prouverai que, dans une pareille situation, un répentir forcé et momentané, ne sauroit effacer un demi siécle de crimes et d'injustices. Ce sera moi qui prolongerai ton erreur, qui agraverai avec toute l'éloquence dont je serai capable, le sujet qui cause tes allarmes. Scélerat! ami de l'injustice! oppresseur de l'innocence! lorsque tu trembles à l'idée de la mort, je trouve tes frayeurs naturelles et même nécessaires.

Mais toi, pére respectable! époux fidèle! ami de l'humanité! pére et législateur de ton peuple! dont les jours se sont écoulés dans l'innocence, et dans l'exercice de la bienfaisance, qui as resisté ici bas avec fermeté au milieu de la tempête, à toutes les attaques que t'ont livré les maux; plein de l'éspérance de ton Dieu, et te reposant sur le témoignage de ta conscience! Toi qui as combattu avec tant de courage, luté avec tant de constance contre les injustises les plus criantes; pourquoi trembles tu? que crains tu? qu'hésites tu à briser tes chaines, à t'en dépouiller, pour regagner une liberté que tu conserveras éternellement? pourquoi appréhendes tu de recevoir la récompense qui t'est due, de devenir insensible à la douleur, de t'approcher de l'auteur de ton existence, de tenter le passage dans une autre vie, dont tu as déja entrevû les joyes dès celle-ci? pourquoi tardes tu à échapper à tes persécuteurs et à te refugier dans l'azile où tes oppresseurs ne pourront te joindre, que pour y recevoir la peine qu'ils ont si longtems et si justement méritée. O! reveilles-toi, ranimes toi, reprends courage! Cette perspective doit te fortifier, autant qu'elle doit décourager tout scélerat, et remplir son ame d'angoisse et de terreur. C'est à lui seul à se bercer de vains sophismes, à désirer l'anéantissement de son ame, et à ne rien espérer parce qu'il a tout à risquer. Cette vie est pour lui le souverain bien ; le terme de tous ses désirs; et, s'il marchande tant à l'abandonner, c'est parce qu'avec elle il perd tout; qu'il n'attend plus rien, et voudroit vainement se persuader, que la nature s'est epuisée ici-bas, qu'elle n'a prodigué tous ses trésors, toutes ses richesses que pour son plaisir, et que par là tout est dit. Il voudroit se persuader à lui-même et aux autres, que Dieu n'a créé la plupart des hommes ici-bas que pour les tourmenter; qu'il ne se plait qu'à les voir dans la peine et dans la douleur; qu'ils sont étrangers à la joye; et que le juste n'a été placé sur cette terre que pour contribuer par ses souffrances au bonheur des autres, et pour gémir sous la verge de l'injuste. Mais, malgré tous les efforts qu'il fait pour s'abuser, il s'élève du fond de son ame une voix sourde à la vérité, mais qui l'agite et le tourmente, une voix qu'il ne sauroit étouffer, et qui lui crie sans rélache, que tout ceci n'est que mensonge, que ce sont des vœux frivoles produits par le vice et l'ivresse, enviant à la vertu ses recompenses, désirant plutot un anéantissement, une destruction totale, que de voir surmonter et triompher la vertu souffrante.

Tels sont les doutes, les vœux de ton persecuteur. Mais, quant à toi, quelle différence? Qu'aurois tu à redouter? Tu as souffert de la calomnie, des embuches de tes ennemis; des dissipateurs insensés t'ont retenu le salaire dû à tes travaux, et t'ont dépouillé de tes biens justement acquis, sous l'apparence et le nom emprunté de justice; de faux amis t'ont trompé de toute façon, et d'ambitieux mondains ont joui de distinctions qui n'étoint dues qu'à tes mérites. Combien de fois n'as tu pas vu le soleil se coucher, sans avoir pu satisfaire les premiers besoins de la vie, sans avoir eu de quoi couvrir ta nudité, ni appaiser ta faim? Combien de fois le sort déplorable, tant présent que futur des pauvres innocents, aux quels tu as donné le jour, n'a-t-il pas ulcéré ton cœur, et rempli tes yeux de larmes améres, à la vue de leur misère? Combien de fois n'as tu pas invoqué le secours de ceux que les rayons de ta bienfaisance avoient jadis échauffés? Mais tu as trouvé les oreilles fermées et les cœurs endurcis. Au lieu de soulagement tu t'es vu accablé de mépris et de railleries. Tous les matins à ton réveil, tu as retrouvé la misère à tes côtés. Le sommeil a été le seul consolateur de tes peines, quoique son secours t'ait souvent même été refusé. Le corps énervé de maux, tu as enduré avec patience et avec fermeté tous les tourmens de l'esprit et d'une ame navrée. Mais, la confiance en celui qui donne naissance aux fleurs émaillées, et qui nourrit l'oiseau des champs, une confiance assurée en ton Dieu ne t'a jamais abandonné. Elle a sû calmer ton ame lorsque toute la nature sembloit conspirer contre toi. C'est alors que dans l'angoisse de ton cœur, tu t'es adressé à lui, et t'és écrié, „ Dieu! mon pere! tu m'as exposé à des „ vicissitudes bien cruelles, cependant je n'ai „ point abandonné le chemin que tu m'as montré, „ ni négligé les devoirs que tu m'as préscrit. J'ai „ fait le bien autant qu'il a dépendu de moi, et je „ me suis conformé à ta volonté, autant que ma „ foiblesse a voulu me le permettre. Ta bonté „ m'encourage à espérer un avenir plus heureux. „ Tu le peux et tu le veux; ou tu ne serois pas „ ce Dieu ce pére que nous invoquons, et tous ces „ tyrans de la terre qui font gémir les peuples de „ leurs oppressions ne seroient pas aussi cruels que „ toi, si tu n'avois créé des êtres innocens que „ pour les abandonner à des favoris, qui au mépris „ de tes bienfaits, ne veulent reconnoître ni toi, ni „ tes loix. „

Après avoir souffert de pareilles épreuves, pourquoi repousses tu ton bienfaiteur, ton sauveur, cette mort qui te raméne au néant, cet état d'insensibilité dont tu es sorti, ou qui te conduit au séjour du bonheur? seroit-il possible que l'un ou l'autre t'inspirassent du dégoût! Mais, quoi qu'il en soit bon gré, ou malgré, la vallée de la mort est le seul chemin qui puisse t'y conduire. Ou, craindrois-tu peut-être l'avenir, parce que tu n'as pu obtenir ta conviction, la certitude d'un ou de plusieurs articles de la religion dans laquelle tu es né, de la croyance de tes péres? parce que tu as osé hazarder quelques doutes, relativement à des objets sur lesquels les hommes ne sauroient s'accorder? Cependant tu t'es pleinement convaincu de l'existence d'un premier auteur de cet univers, tu t'es évertué à faire le bien, à rendre la justice, parce que telle étoit sa volonté, et qu'il en résultoit un avantage permanent pour toi et pour ceux avec lesquels tu as vécu. Tu as passé ta vie dans la pratique de la vertu, et dans la recherche de la vérité. Tu n'as négligé aucun moyen pour parvenir à la découverte de celle-ci. Tu ne t'es jamais refûsé, et tu te trouves encore disposé à reconnoître volontairement celles dont on te montrera l'évidence. Tu n'as blamé, ni tourné en ridicule personne, parce que la façon de voir des autres n'étoit pas la tienne, parce qu'il leur falloit des preuves, des témoignages plus positifs et plus sensibles pour suivre la voix de la raison, et pour agir conformément aux loix de la sagesse. Tu as même reconnu l'utilité, la bonté de beaucoup d'objets, qui surpassoient ton intelligence; tu les as au moins considérés, comme l'équivalent de la raison, pour ceux dont la foiblesse ne pouvoit supporter la vérité dans toute sa simplicité; comme des guides pour le grand nombre de ceux qui ne pouvant voir que par les yeux des autres, et par des images sensibles, auroient couru risque de s'égarer, s'ils avoient été abandonnés à eux-mêmes. Tu as cru qu'au moins à cet égard ces objets portoient l'empreinte de la divinité, et que dans l'ensemble de cet univers, ils avoient été très sagement employés comme moyens contribuans à une même fin, et proportionnés aux facultés diverses de l'esprit humain.

Que crains tu, pourquoi donc trembler avec de pareils sentimens? La religion du vulgaire, celle de tous les peuples, pouroit-elle exiger quelque chose de plus pour constituer la vraie religion? A quoi sert la foi, si ce n'est à produire les bonnes œuvres? Aura-t-on quelque chose à te reprocher, lorsque tu auras accompli tes devoirs, qui sont l'essence de la foi, aux quels toute croyance, toute révélation ne servent que de moyens, pour en nourrir et en fortifier davantage les dispositions, et pour conduire ceux qui ont besoin d'un guide assuré? En un mot, sois juste, sois vertueux! Parmi cette grande diversité d'opinions, que chacun défend en apparence avec une égale conviction, ton état, tes devoirs te permettroient-ils de prononcer, quand même tu ne manquerois pas de moyens pour diriger ton jugement, ou pour concilier des contradictions, qui sont souvent entiérement indifférentes, et quelque-fois même diamétralement opposées au bonheur et à la conduite de l'homme, et ne sauroient par conséquent être d'origine divine? Ce ne sera pas d'après les principes, les opinions, et les préjugés, dictés par l'intérêt de tel ou tel homme, que tu seras jugé; mais d'après tes propres sentimens; d'après les facultés qui t'ont été accordés; d'après le désir que tu auras témoigné, et les efforts que tu auras faits de découvrir la vérité. Ne confonds donc point le Dieu des écoles, avec ce Dieu bienfaisant, ce pére de la nature, qui est tout amour; mais que les hommes ont répésenté comme un Dieu courroucé et vengeur; afin de se rendre les méditateurs entre lui et sa créature, de se soumettre les ames foibles; afin de tenir la terre dans une dépendance servile, par des motifs souvent trop mondains. Si tu joins encore à cette croyance celle d'une révélation plus marquée plus positive; si la foi, si les idées que tu te formes de l'être suprême sont saines et pures; si ta confiance en ses bontés est sans bornes; c'est alors que tu dois espérer, souhaitter, et désirer avec ardeur le terme de ta dissolution, bien loin de le craindre et de le redouter. Chaque minute que tu tardes à te rapprocher de la source de tout bien, devient pour toi une source de douleurs, une perte réelle. Tes terreurs, la crainte que tu manifestes de la mort, sont des marques de l'incrédulité dont tu te rends coupable: par-là tu découvres ton attachement à la terre, le peu de cas que tu fais de Dieu, la foiblesse de la foi et de la confiance en lui; que tu prouves que ta vie n'a point été sans faute et sans tache; que tu as encore à te faire le reproche, d'avoir plutôt mérité de sa part la réprobation et les peines, que des récompenses. Car d'où pourroient autrement te venir cette appréhension, ces incertitudes et cette crainte lorsque tout devroit, au contraire, t'autoriser à espérer un meilleur sort? à passer à un état, où, d'après la raison et la révélation, le juste n'a que du bonheur à attendre? pourquoi l'homme vertueux et raisonnable resteroit-il en suspend, pour abandonner une vie remplie d'amertume, qui ne sert que de passage et de préparation à des scenes d'une nature bien plus élevée; à éprouver notre patience, notre fermeté, et à nous approcher de la perfection? Sans une telle perspective, à qui cette vie, que tu chéris tant, que tu abandonnes avec tant de regret, seroit-elle supportable? Dis moi qui n'a pas eu, plus d'une fois, pendant le cours de sa vie, en horreur, l'heure de sa naissance? Combien n'en est-il pas qui ont même douté si la vie étoit un bien, si le néant n'étoit pas préférable? qui, dans bien des occasions, ont appellé à leur secours la mort, comme un libérateur? Et cependant nous hésitons à déloger! Il faut donc ou que les plaintes que nous faisons continuellement entendre sur les maux de cette vie, soyent injustes, ou aussi, que cette même vie ne mérite pas que nous regretions sa perte; et les larmes que nous répandons sur le tombeau des amis qui nous ont précédés, ne devroient pas être des larmes de pitié et de douleur, mais des larmes de joye et de félicitation, d'avoir obtenu leur liberté, et d'être sortis victorieux du combat dans lequel ils se trouvoient engagés. Mille et mille fois heureux! celui qui a évité à tems les vicissitudes des choses, le danger de faillir, de commettre des actions inhumaines de s'abandonner à la colère, et à d'autres foiblesses humaines. Tout est rempli d'incertitude ici-bas. Le jour, le moment prochain, peuvent détruire, dans un clin d'œil, le bonheur et les grandeurs dont nous nous sommes bercés pendant des années. Combien n'en est-il pas qui ont vecu un jour de trop, et qui par-là ont survecu à leur bonheur et à leur gloire? Quel est le favori de la fortune qui, à défaut de maux actuels, soit en sureté contre ceux à venir. Le malheur gît souvent dans la plénitude du bonheur même, par la crainte de tout perdre, lorsqu'il ne reste plus rien à désirer. Les couronnes ne peuvent guérir des maux de tête, et les soucis rongeurs ne se détournent point des palais des grands. Ils s'y introduisent à côté d'eux sur le trône; ils les accompagnent à leur coucher, ils voltigent autour de leur lit, et se jouent d'eux dans leurs songes. Ils se levent avec eux pour ne les plus quitter. Toute leur vie n'est qu'un enchainement de vains désirs, dont le plus petit nombre peut à peine être assouvi; de projets et de plans qui ne sauroient être exécutés; d'essais douloureux, dangereux et manqués. Leurs sens sont émoussés et usés, et les plaisirs que nous obtenons avec tant de difficultés, que nous goutons si rarement sont pour eux trop souvent répétés. De-là ces aversions, ces dégouts continuels ; cette impuissance de se procurer des plaisirs plus neufs, plus piquans : de-là ce vuide qui se fait sentir dans leur cœur aussi bien que dans leur tête, et ce tourment qui les accompagne par tout, cet enfer des grands et des riches.....l'ennui. Des mariages malheureux, la crainte des conjurations et du poison, le mécontentement et les murmures des peuples, joints à l'impuissance de les sécourrir, ne forment qu'une petite partie du grand nombre d'évènemens facheux, qui obscurcissent la sérénité des jours de ces divinités de la terre, qui les rongent d'un chagrin intérieur, et qui, aulieu d'exciter notre envie, devroient plutot nous faire regarder d'un œil de pitié l'état dans lequel ils se trouvent. Tout concourt à les faire souvenir qu'ils sont hommes, et que s'ils ont été favorisés de la fortune, et élevés à un rang supérieur ; cette préférence ne servira peut-être qu'à leur occasionner une chûte d'autant plus sensible et plus cruelle. Leur état ne sauroit les préserver d'aucun des maux attachés à la nature humaine. Les coups qui frappent le dernier des mendians, n'épargnent pas les premiers d'entre les grands de la terre. Quel est le monarque qui a osé dire à la foudre: NE M'ÉCRASE POINT et au feu: NE ME CONSUME POINT ? Parmi ces adversités générales, il y en a même qui ne sont propres qu'à leur état ; et il semble que les maux les plus grands, les plus sanglans, ne soyent reservés à la première classe d'entre les hommes, que pour nous disposer d'avantage à l'obéissance, à la reconnoissance envers eux, et à nous rendre moins jaloux de leur état. Il y a des adversités qui ne peuvent être senties que par des rois, et même les maux ordinaires rendus supportables au commun des hommes, se font sentir doublement, avec plus de force et de vivacité, déchirent l'ame avec plus de constance et d'acharnement, lorsqu'ils deviennent le partage de ceux qui se trouvent placés dans un rang supérieur, ou en possession d'une couronne. Comme nous ne pouvons tomber d'aussi haut, notre chûte ne sauroit être aussi sensible, aussi souvent prévue, ni autant redoutée; il ne nous reste pas le souvenir amer de notre grandeur passée; nous n'avons point à lutter contre les soupçons et la méfiance, à supporter les cris et les reproches des mécontens, et à nous charger de soins étrangers aussi bien que des nôtres.

Qui est celui qui pourroit, après cela, envier le sort des monarques, des grands de la terre, s'il désire de goûter les douceurs de la vie? Ne faut-il pas plutot s'étonner qu'il se trouve encore des hommes, qui veuillent se charger d'un fardeau aussi pénible, et sacrifier leur repos au bonheur des autres. La vie privée peut seule nous garentir de pareils dangers. N'importe qu'un Néron et des monstres qui lui ressemblent, succombent sous le poid énorme de leurs crimes atroces; qu'un Pygmalion, persécuté par les furies, change toutes les nuits sa couche, de crainte d'être assassiné. Cela ne doit nullement étonner. C'est une suite de leurs forfaits.

Mais, lors que l'on ose attenter à la vie d'un Titus, les délices du genre humain; lorsque Henri IV. la gloire et l'ornement de la France, tombe sous le fer des meurtriers; qui osera soutenir que la vie des souverains ne soit un enchainement de tourmens et de dangers? Priam et Hecube, Crésus et Persée le Macédonien, le fortuné César vainqueur des Germains dans les marais de minturne; le cadavre de Pompée à la côte d'Afrique, Maurice et Conradin, Charles premier et Marie d'Ecosse; et toute la suite des monarques tant anciens que modernes, qui ont terminé leur carriére d'une manière aussi tragique, ne se trouvoient-ils pas placés au premier rang, et n'ont-ils pas subi le sort des derniers des humains. Ce n'est pas l'histoire de l'Asie, et celle de l'empire d'orient seulement, qui nous présente le tableau d'évènemens aussi terribles; celle de tous les états de l'Europe en est remplie. Elle est un miroir fidèlle qui retrace aux meilleurs souverains même, les événemens dont ils sont menacés. Elle les avertit d'être sur leurs gardes, et le souvenir qu'elle leur laisse contribue souvent à empoisonner les plus beaux de leurs jours,

Il faut quelque chose de plus qu'un rang élevé et le superflu des biens passagers pour constituer la félicité, qui doit être sentie intérieurement. La faculté de jouïr en fait la base. Rassemble autour de toi tous les trésors et toute la puissance de la terre, tu n'en seras pas moins rongé de crainte et d'inquiétudes; tes projets n'en échoueront pas moins, comme l'invincible flotte de Philippe. Te rendront-ils ta femme et tes enfans, que la mort t'a enlevés? Calmeront-ils les douleurs de la pierre et de la goutte? Eteindront-ils le feu de la fiévre qui te consume? Tous les plaisirs que tu crois trouver dans leur possession, perdront l'attrait de la nouveauté. Tu voudrois en changer, t'en procurer de plus parfaits; mais tous les trésors, toute la puissance que tu possèdes n'empêcheront pas qu'ils ne t'échappent. Ta vue, ton ouïe saffoibliront; tu seras estropié d'une chûte, et tous ces moyens sur les quels tu fondois ton bonheur, te rendront-ils un membre que tu auras perdu, préviendront ils l'opération du trépan, à la quelle tu te vois condamné? Si l'on réfléchit que Socrates s'est vu forcé de boire la coupe empoisonnée, que Caton même a eu recours au poignard; et que le second Brutus avant de se précipiter sur son glaive, a mis en doute si la vertu exsistoit, si elle étoit autre chose qu'un vain nom, une rivale jalouse du bonheur des hommes; la vie ne doit certainement pas avoir des attraits aussi puissants, et l'on doit trouver des raisons plus que suffisantes pour désirer la mort, lors même que les circonstances semblent nous promettre le bonheur le plus parfait. C'est alors que tout mortel, avant de mettre le pied dans la nasse de Charon, doit recommander aux amis qu'il laisse au rivage, d'offrir, en son nom, un coq à Esculape, pour le remercier de l'avoir fait échapper à tous ces dangers; et qu'en leur tendant la main pour la derniere fois, il doit leur souhaitter qu'ils puissent bientot le suivre.

Dans une vie que l'on passe, et qui se trouve partagée, pour la plus grande partie, entre les incommodités de l'enfance et celles de la vieillesse, entre les excès dangereux de la jeunesse et les intrigues de l'âge viril, entre les infirmités et les passions; alternativement agité par l'envie, la colère, la tristesse, la crainte, et l'incertitude, entre l'ennui rongeur et une activité remplie de périls; dans un monde où les plus puissans même, sont exposés à ces vicissitudes; où l'on a à redouter le souffle contagieux d'un air empesté, les fureurs de la mer, des tempêtes et des orages, les ravages des flammes, les éclats de la foudre, les écroulemens de la terre, et le bouleversement de tous les élemens; dans un monde où l'ennemi le plus irréconciliable de l'homme est l'homme même; où l'on ne rencontre que persécution, esclavage et oppression; où le despotisme et l'intolérance, les guerres religieuses et civiles, produisent des Saint Barthélemi et des vêpres siciliennes, qui n'épargnérent pas même l'innocence au sein de la mére; où les opinions sont soutenues par le fer et le feu, et la pensée même rendue criminelle; où les chaines et les cachots, les prisons perpétuelles et les échaffauds se trouvent toujours préparés; ou les mines les galères, les latomies, les bastilles et les tribunaux de l'inquisition ouvrent une gueule impitoyable, pour engloutir les amis de la vérité et de la vertu. C'est dans un tel monde que, loin de prendre des mésures pour se fixer, il vaut mieux se préparer au départ; qu'il est tems de s'armer de résolution, de chercher une issue pour s'échapper, de se choisir un port assuré pour se mettre à l'abri contre les orages de la vie; et pour cet effet, d'aller au devant de la mort, comme à son libérateur, avec fermeté, avec courage et avec assurance; afin déviter par là de bien plus grands maux encore; dans un tems où la nature nous fait signe, et nous invite de nous approcher de la couronne qu'elle nous montre dans l'éloignement, et qu'elle ne destine qu'à l'athléte intrépide qui n'a point reculé de la place qui lui avoit été assignée, et qui à soutenu avec courage les assauts multipliés, qui lui ont été livrés.

Mais, à quelle fin, ô homme insatiable! sollicites-tu la prolongation de tes jours? Crois tu que ces plaisirs, répandus avec tant de parsimonie, conserveront toûjours les mêmes attraits, malgré la diminution continuelle de tes forces? Regarde ce vieillard décrépit, succombant sous le fardeau des années; cette idée, ce fantome de tes vœux et de tes désirs; ce jouet de la jeunesse étourdie, ce spectre ambulant à charge à lui-même et à ceux qui l'entourent; cette antiquaille dans un monde étranger et nouveau pour lui; ces tristes restes d'une jeunesse jadis fougueuse, cette ombre de la vie, ce cadavre vivant. Considére ces yeux obscurcis, dans lesquels le feu de la vie est éteint, et qui ne peuvent plus rien distinguer; cette bouche édentée qui a perdu toutes ses fonctions. Regarde, comment son corps vouté s'incline vers la fosse qui doit lui servir de domicile; cette mémoire perdue, cette débilité de l'esprit, et ce corps dont les forces sont épuisées, cette seconde enfance, ont ils donc tant d'attraits pour toi, sont-ce des objets si désirables? Mais, quand même tu pourrois encore te reposer sur tes forces, prétends tu donc, seul reste d'un monde passé, conduire tous tes amis au tombeau? Regarde autour de toi, jette les yeux de tout côté: ceux qui partageoient jadis tes plaisirs ne sont plus; tu demeures seul. Ce monde n'est plus pour toi le même, il s'est renouvellé. Les compagnons de ta jeunesse, ceux qui t'aidoient dans l'exécution de tes projets t'ont dévancé, et tu te trouves isolé parmi les vivans; ces jours de fête, ces jouïssances auxquelles tu ne saurois plus prétendre n'ont plus d'attraits pour toi. Il est tems que tu quittes la scene; ton role est joué. Pourquoi attendre que tu sois remplacé par un successeur, qui ne t'accordera qu'à regret une chétive subsistance, et qui compte avec impatience tous les momens qui doivent enfin le délivrer de ta présence? Et tu pourrois encore désirer la prolongation d'une semblable vie!

Ame lache et craintive! si tu conviens que tu n'as plus rien à perdre en quittant cette vie; que tu n'as rien à redouter pour l'avenir; que tu évites des maux présens, qu'en perdant ici quelques biens passagers,

passagers, c'est pour tout gagner là-bas; si tu conviens que la mort est une loi générale, invariable, et indispensable de la nature; que la crainte qu'elle inspire, bien loin de reculer pour un instant le terme de la mort, ne fait que l'accélérer, qu'empoisonner toutes les jouïssances de la vie; qu'un trop grand amour pour cette vie te met dans une dépendance, dans un assujettissement continuel, tandis qu'en renonçant sincèrement au monde, tu deviens libre, indépendant, et pour ainsi dire, maître de la nature; si cette crainte d'un mal momentané, nécessaire et général, n'a de réalité que dans la petitesse de ton esprit, dans les bornes de ton entendement, dans le désordre de ton ame, et dans la lacheté de ton cœur; si cet amour excessif de la vie, se trouve en contradiction avec les sentimens que tu professes pour la divinité, avec l'hommage que tu lui dois, avec la foi et la raison; si elle devient une barriére criminelle qui t'empêche de te raprocher de Dieu, pour te fixer ici-bas; si elle te fait renoncer à des biens permanens et futurs, à une vie plus parfaite, que tu rejettes tout à fait, ou, à l'égard desquels, tu nages dans le doute et l'incertitude, parce que tu t'es trop fortement attaché aux biens de ce monde, ou aussi, parce que tu te figures l'avenir comme un tems et un lieu de tourment, et Dieu comme un tyran, qui prend plaisir aux peines du juste. Si tu conviens de plus que beaucoup de créatures, plus foibles que toi, ont soutenu cette mort, ont vû approcher ce moment redouté, l'ont même désiré avec la plus grande tranquillité, la plus parfaite résignation d'esprit; d'où vient donc qu'elle fait trembler l'homme éclairé, raisonnable, et éprouvé dans la vertu et dans la droiture? d'où vient que la saine raison est moins puissante que l'ambition, la mélancholie, l'amour de la patrie, le fanatisme et le désespoir? d'où vient-il que l'ame humaine, d'ailleurs si accessible, si sensible au bien, non seulement, reçoit avec tant de froideur, tant d'indifférence un rémède aussi salutaire; mais même recule d'effroi à l'idée seule de la mort?

Nous ne craignons pas la mort parce qu'elle est terrible, effrayante aux yeux de la raison; nous la craignons parce que, dès notre plus tendre jeunesse, on nous en a inspiré la frayeur, parce que des gouverneurs, des surveillans ignorans et remplis de préjugés, nous l'ont représentée sous les images les plus fausses les plus terribles. Ces images se sont emparées de notre ame encore neuve; y ont fait de profondes impressions et s'y sont habituées. C'est avec de telles images que nous avons à lutter. Elles ont pris, par des représentations continuellement répétées, de si profondes racines dans notre ame, que ce n'est qu'après des combats longtems et vivement disputés, qu'elles consentent à céder le pas à la raison plus tardive. Ce n'est qu'au moyen d'une application de plusieurs années, de réflexions biens soutenues, que l'esprit peut parvenir à les écarter, et à en effacer les prémières impressions. C'est aux instructions que nous recevons pendant le cours de nos prémières années; c'est à nos prémiers instructeurs que nous devons des idées si déraisonnables, et qui deviennent par la suite un tourment réel pour nous. Si dès notre plus tendre jeunesse on nous eût inspiré d'autres principes, nous serions, avec l'âge, allés au devant de la mort, avec autant de fermeté que son nom seul nous inspire actuellement de crainte.

C'est dans la jeunesse, où le cœur et la tête jouïssent encore de leur prémière pureté, où ils sont ouverts à toutes les impressions tant bonnes que mauvaises, que l'on devroit familiariser les hommes avec l'image de la mort, et leur en inspirer le mépris. Cependant c'est dans la plus tendre jeunesse que, séduit par de fausses représentations, et des exemples contagieux, on assimile au son vague de la mort les idées les plus désagréables, qui deviennent un tourment aux vivans, tandis que les mourans y sont insensibles, et lui échappent par la mort même. Cette image de nos amis, de celle qui étoit l'objet de toute notre tendresse, expirans; leurs angoisses, leurs priéres, leurs sollicitations et leurs combats; ces peines que nous ressentons à leur départ; ce vuide qui se fait sentir dans notre ame, par l'interruption subite de la coûtume que nous avions contractée de vivre, de nous entretenir avec eux, de puiser les plaisirs les plus consolans dans leur entretien; l'idée de les voir s'éloigner, de rester en arriére; la solitude des lieux, où nous les cherchons inutilement, et où nous ne les retrouverons plus; ces pleurs, ces lamentations de ceux qui leur ont survécu; ce son lugubre de la cloche funéraire, joint à la vue de ce corps froid et inanimé qui vient de perdre son locataire, le chant mortuaire, la cérémonie, non moins lugubre, de déposer dans le sombre caveau ces restes qui ne sont plus rien pour nous, de les voir couvrir d'une poussiere avec laquelle ils seront bientot confondus; ce silence qui règne dans les tombeaux, et cette crainte que nous prétons aux morts de retrouver subitement le sentiment, sans espérance de secours, pour pouvoir revenir à la vie. Toutes ces images réunies s'élevent à la fois dans notre ame au nom seul de la mort. C'est avec de tels objets, dont nous n'aurons aucun sentiment à notre dissolution, que nous obscurcissons nos jours les plus séreins. C'est avec ces images de notre fantaisie, que nous construisons le fantome, sous lequel nous nous représentons la mort. C'est cette idée, enfant de l'illusion, qui nous fait trembler et nous agite.

Cette aversion, ce dégoût avec lesquels nous abandonnons cette vie, sont au fond les mêmes avec lesquels nous passons dans un pays étranger; avec lesquels nous quittons un domicile incommode, mais que nous avons longtems habité. C'est l'aversion et le dégoût avec lesquels le Lappon ou le Groenlandois se sépare de ses rennes, de son ciel glacé et nebuleux, de ses nuits éternelles, pour être transplanté dans des régions délicieuses, dans un climat doux et tempéré. C'est l'aversion avec laquelle nous renonçons à d'anciens préjugés, profondément enracinés, aux opinions de la réligion dans laquelle nous sommes nés, quelque demontrée que soit leur fausseté, pour en adopter de nouvelles et de raisonnables. Lorsque l'esprit humain s'est une fois accoutumé à une certaine marche, à parcourir un certain enchainement d'idées, il ne peut sans aversion, sans dégoût, se résoudre à en adopter de meilleures. C'est par là qu'une coutume longtems établie nous familiarise avec le mal même, et nous le fait supporter, et que le bien peut nous déplaire, lorsque la transition qui nous y conduit est trop subite. Il n'y a que le tems, de fréquentes répétitions et une liaison étroite avec les objets qui nous ont paru nouveaux, qui puissent nous réconcilier avec eux, nous les faire envisager avec complaisance, et nous faire oublier les anciens; et nous pouvons prévoir, sans peine, qu'à la longue, nous serons aussi attachés aux premiers, qu'il nous en a couté pour renoncer aux autres. C'est ainsi que les maux mêmes se sont changés chez nous en besoin, et que le bien nous est devenu un tourment. L'habitude de vivre nous enchaine, ainsi que des esclaves, à la vie la plus malheureuse, et nous avons autant de peine à l'abandonner que le galérien de Riche-

lieu

lieu avoit de regret à quitter sa Chiourme.

Nous pensons continuellement à la vie, et presque point à la mort. Nous oublions que nous ne sommes que des pélérins sur cette terre, et que le séjour d'ici bas n'est qu'un passage de courte durée. Nous considérons les biens extérieurs comme faisant partie de nous mêmes et comme devant nous accompagner par tout. Nous pensons que, sans la jouïssance de ces biens, la vie n'est que misère et que douleur, et, dans cette idée, nous supposons que la mort qui doit nous en séparer pour toujours, nous prépare le même sort. C'est dans cet oubli de notre nature mortelle que nous formons tant de plans et de projets extravagans. Ils demeurent sans exécution, parce qu'ils s'étendent au delà du terme de nos années, et ils remplissent de difficultés le passage à une autre vie, dans laquelle nos facultés seront exercées par des objets d'une toute autre importance, et au prix desquels les occupations de ce monde ne seront qu'un jeu pueril. Ajoutés y encore les inquiétudes sur le sort des enfans et des amis que nous abandonnons ici. Ces inquiétudes, qui ne servent qu'à rendre la séparation plus douloureuse, de part et d'autre, déchirent notre ame, et nous font oublier que nous les retrouverons bientot; qu'ils ont à parcourir la même carrirèe que nous devons leur montrer; que c'est Dieu qui aura soin d'eux, et ne leur fera éprouver aucun mal, qui ne tourne enfin à leur bien dans l'enchainement de cet univers.

Ce sont toutes ces causes réunies, et que nous méconnoissons, qui rendent notre séparation de ce monde si difficile. Ce sont elles qui nous inspirent cette aversion de la mort. Mais, cette aversion n'est point un effet de la raison. Elle est le fruit du préjugé, de la passion, de l'habitude et de l'inconséquence. Oui, mon ami! lorsque tu te seras endormi entre les bras de la mort, pour passer doucement dans ces régions tranquilles, ou règne une paix perpetuelle, il est certain, que tu perdras, pour quelque tems, ta femme, tes enfans, tes parens et tes amis; mais, pour toujours, ton rang, tes dignités, tes trésors, tes palais, tes terres, tes jardins, tes repas somptueux, tes lits voluptueux, ainsi que ton influence politique. Tes chers, tes prétendus amis, lorsqu'ils se seront assurés que ta fin est décidée, tourneront-le dos à ton soleil couchant, pour se rassembler autour du successeur qui s'élevera sur tes ruines, pendant que tu respires encore. L'illusion se dissipe, l'ivresse du bonheur cesse, et tu éprouveras que tu es un être foible, isolé, abandonné de l'art et des hommes. Tu ne pourras emporter d'ici rien de tout ce qui a servi à t'élever au dessus des autres. De toutes tes vastes possessions il ne te restera de terre, que ce qui est indispensablement nécessaire, pour y faire pourrir ton corps; et ton nombreux domestique ne te servira plus qu'à rehausser la pompe de tes funérailles;....pompe vaine, dont tu ne jouiras plus, que tu ne partageras point, qui sera bientot place à d'autres scenes plus gaïes et plus brillantes, et qui ne servira, tout au plus, qu'à te rapeller quelques jours de plus au souvenir des hommes; si tes vertus, si des actes de bienfaisance, ne t'ont pas érigé des monumens plus durables, dans le cœur et dans l'esprit de tes contemporains et de tes neveux; ou qui sera peut-être accompagnée de malédictions de la part des malheureuses victimes, de tes rapines et de ton ambition. à chaque poignée de terre dont ton cercueil sera couvert — Oui, certainement, il te faudra renoncer à tout cet appareil, et, foible, nud, tel que tu es sorti du sein de ta mére, abandonné et depouillé de la grandeur dont l'opinion des hommes t'avoit revétu, il te faudra rentrer dans le sein de la terre.

Mais, quoi! tous ces biens tant désirés, tant recherchés des hommes, constituent ils donc le souverain bonheur? A quoi te serviront-ils, si tu perds avec eux les besoins qui te les rendoient si précieux et si nécessaires? Lorsque la toile aura été baissée devant toi, et que tu auras achevé ton role, tu peux hardiment abandonner cette pompe théatrale, au nouvel acteur que le sort fera monter à ta place sur la scéne. Emporte avec toi tes bonnes œuvres, les larmes que ta perte aura fait répandre aux amis de la vertu. Elles seules te faciliteront l'entrée dans ton nouveau domicile, et à l'approche d'un semblable convive, avec une pareille suite, les portes d'une bienheureuse éternité, s'ouvriront d'elles mêmes. Forme des entreprises qui dépendent uniquement de toi, que le tems ni l'éternité ne puissent te ravir. Et sur quelle propriété peux tu faire plus de fonds, que sur l'exercice et le développement de tes facultés, sur la perfection intérieure que tu as acquise ici bas. Abandonne cette enveloppe fragile, et les ornemens frivoles dont elle se trouvoit décorée à la terre dont tu es sorti, et à cette foule d'insensés qui méconnoissent ce qui est vraiment bon; et revêtu de la splendeur des anges, éléve toi aux sphéres supérieures, où les vertus ne seront point méconnues, et où chaque combattant recevra la couronne due à ses victoires. C'est à ce prix là que tu pourras obtenir, tout ce qui sera approprié à tes nouveaux besoins, sans qu'il te reste le moindre regret, pour les biens périssables de la terre, que ne t'inspireront que du dégoût. Mais si tu penses sérieusement qu'ils sont indispensables à ton état futur; que sans eux il ne sauroit exister de bonheur; si tu penses que toutes ces chétives merveilles d'ici-bas, sont le but, et que tu sois le centre de la création: ah! dans ce cas je te plains. Les peines que tu t'infliges sont méritées à juste titre, et tu ne dois t'en prendre qu'à toi-même, si, à ton départ de ce domicile, tu emportes avec toi les fantômes qui obsédoient ton imagination dérèglée.

Mais, rassure toi, et rentre en toi-même: qui

pourroit te retenir dans les fers de l'enchainement ici bas? „ La préparation à la mort est la prépara-„tion à la liberté; celui qui a appris à mourir a su „ se delivrer de l'esclavage. „ Qui t'empêche de te familiariser d'avantage avec la mort? Pourquoi ne l'es tu pas déja? Ou cet évènement si inévitable pour tous, te seroit-il peut-être inattendu? qu'y a-t-il sur la terre qui ne t'en fasse continuellement ressouvenir? Ce que tu redoutes tant, et ce que tu ne saurois cependant éviter, peut te surprendre d'un moment à l'autre. Ni le tems, ni le lieu, ni l'état, ni l'âge, rien ne sauroit t'en garantir. La mort est souvent cachée au milieu des roses, et trouve par tout un recoin pour épier sans ménagement sa proye. Toute l'histoire n'est pour ainsi dire, qu'un vocabulaire des noms de ceux qui furent, et—-qui ne sont plus. Nous mourrons tous les jours, à toute heure; et d'un instant à l'autre, nous ne sommes plus ce que nous étions. Tous les momens de la vie diminuent ceux de ton éxistence, et la mort ne fait qu'achever l'ouvrage de ta naissance. Les plaisirs de notre jeunesse nous abandonnent, ainsi que nous les abandonnons. Une longue vie n'est qu'une mort prolongée. Regarde autour de toi! Que sont devenus les sages de l'antiquité? Que sont devenus tes enfans, les hommes que tu as le plus chéris? Ils t'ont dévancé, ils ont passé dans les lieux d'où l'on ne revient pas, où l'on t'attend toi-même. C'est là que t'attendent ceux pour lesquels tu portes le deuil. C'est là que tu te trouveras tout à coup dans la société de tous les grands hommes, des hommes vertueux; au milieu des amis qui t'ont précédé. Ils se réjouiront de la venue de ce nouveau convive, et te feront participer aux joyes et aux félicités de cette nouvelle vie. Ils attendront conjointement avec toi l'arrviée des amis que tu as laissés en arriére, ils veilleront sur eux, et verront, comment leurs prétendus maux se modifieront en épreuves et en préparation pour un bonheur avenir; ils se réjouïront de ce que, de soit disant malheurs leur sont tombés en partage, afin de leur faire désirer l'avenir avec plus d'ardeur, afin de leur apprendre que le séjour d'ici bas n'est point une demeure permanente, pour des êtres d'une nature, d'une origine plus pure; qu'ils ont été créés pour des scénes plus rélevées; que Dieu ne connoit point de favoris; qu'il seroit injuste; que ses ouvrages, avec tout l'ordre, et toute l'harmonie dont ils sont caractérisés, resteroient imparfaits, si le malheur éternel d'un seul juste, étoit nécessairement enchainé au but qu'il s'est proposé; afin de leur apprendre qu'il ne sauroit arriver de mal à qui que ce soit, qui ne tende à la perfection et au bonheur de celui qui en est l'objet, et que dans tout ce vaste univers, personne n'a été créé en vue de servir d'ombre à d'autres, pour s'évanouir ensuite dans l'immensité de l'éternité.

Ce n'est pas l'homme seul, mais tout ce qui t'entoure qui doit te faire ressouvenir que tu es mortel. Tout ce qui existe partage avec toi la même destinée. Tes biens même vieillissent, et sont ainsi que toi sujets au dépérissement. Cet arbre touffu que tu as planté dans ton enfance, à l'ombre duquel ton cœur s'est ouvert à l'amour dans ta jeunesse, et sous lequel tu t'es reposé comme homme, n'est aussi plus ce qu'il a été. Quelques années de plus verront périr cette retraite, qui servoit d'abri au voyageur fatigué, contre les ardeurs brulantes du midi, et contre l'impétuosité des orages. Tu vis dans une nouvelle ville, et au milieu d'une race d'hommes qui à été renouvellée. Ceux que tu as connu dans ta jeunesse ne sont plus. Tu leur as vu succéder de nouveaux visages, et ceux qui partageoient avec toi les jeux de l'enfance sont devenus des hommes ainsi que toi. Les plus belles et les plus florissantes villes des tems antérieurs, sont abandonnées ou détruites, et le laboureur conduit aujourd'hui sa charrue dans les plaines sur lesquelles Troye étoit jadis élevée ; à peine en retrouve-t-on quelques foibles vestiges. La puissance des Assyriens, la gloire d'Alexandre sont passées. Tous les empires de l'antiquité se sont évanouis. Toute la surface de la terre se trouve changée, rien n'est plus à la même place... Cette lune qui du milieu de l'armée brillante des étoiles, répand sa pâle lumiére sur nos contrées, et ce soleil resplendissant, qui vivifie la nature, se couchent régulièrement, et se rélévent comme rajeunis ; mais ils ne retrouvent plus les mêmes objets, et ne me retrouveront pareillement plus un jour. Eux-mêmes ne reparoissent pas sur l'horison, sans avoir subi quelque changement; et il viendra, sans doute, un tems qu'étant lancés hors de leurs orbites, leurs disques luminéux seront éteints, lorsque toute la nature matérielle aura été bouleversée et anéantie. Et toi misérable mortel! seras-tu donc le seul qui s'étonnera de sentir approcher son automne, et de voir ses feuilles flétries, emportées par les vents? Seras-tu donc le seul que la vanité excitera à demander, d'être exclus de la destinée générale des êtres? La structure fragile de ton corps, l'expérience journaliére, qui te confirment les loix générales et invariables de la nature, devroient, à défaut de raisons plus puissantes, te faire ressouvenir de ton essence mortelle. Mais cette habitude de vivre; cet amour propre, dailleurs si naturel à tout homme, joint aux prétensions insensées et sans bornes qui en découlent; ces images illusoires d'une fantaisie deroutée, par l'appareil de la mort, nous mettent en contradiction avec nous mêmes, étouffent cette voix si claire si intelligible de la nature, entrainent notre raison et empêchent notre vue de pénétrer dans un avenir bien plus désirable. Si les hommes avoient une connoissance bien assurée, de toute l'étendue de la félicité qui les attend après cette vie; le monde se trouveroit bientôt dépourvu d'habitans, et bien loin d'employer la persuasion, pour les encourager à se soumettre à une destinée qu'ils ne sauroient éviter; il faudroit employer tout l'art, toute la force de l'éloquence, pour modérer leur impatience et l'impétuosité de leurs desirs, et les empêcher de précipiter une mort, qui leur paroit actuellement si redoutable.

As tu donc oublié, ou ignorerois tu, timide mortel! quel est le but de la création, pourquoi cette mort? as tu oublié que cette vie n'est qu'un avant-coureur, qu'une préparation, qu'un prélude de l'avenir? as tu oublié que, dans le cours de la vie de chaque homme, il se rencontre des situations dont personne n'est exempt; qui se font sentir au sein même du bonheur, lors qu'on est environné de gloire et de grandeur; des situations dans les quelles tout se réunit, pour nous inspirer du dégoût et du mécontentement, dans les quelles on n'attend plus de bonheur; où les maux réels et imaginaires se succédent coup sur coup; où les facultés de notre ame ont perdu leur ressort, et se trouvent entiérement arrêtées dans leurs fonctions; où tous les objets, où tous nos amis nous abandonnent; où nous nous trouvons isolés, ainsi qu'un rocher au milieu d'une vaste mer, exposés aux tempêtes, aux adversités, aux mépris, et à la mortification; où nous ne semblons plus tenir au reste du monde, que par les soucis et les chagrins les plus cruels et les plus amers; où le cri de notre nature animale nous étourdit, au point d'étouffer entiérement celui de la raison, et de la philosophie? C'est dans de pareilles situations, dans de tels momens, que l'idée, qu'il existe un Dieu vengeur de l'innoçence opprimée, est un beaume dans la playe encore saignante; c'est alors que l'on appelle à son secours la mort, attendue avec impatience. C'est alors qu'elle nous semble un sommeil, une heure de repos pour le voyageur fatigué par les tourmens de la vie; un azile contre les oppressions, l'espérance des malheureux, la guérison du malade, un passage à une meilleure vie, une préparation à des connoissances plus sublimes, un raprochement de l'auteur de la nature, le tribut de l'humanité, un pas nécessaire et conforme au but général, pour nous avancer sur la grande échelle de tous les êtres, la sortie d'une prison, une porte de la liberté, un retour dans la patrie, le sceau de la vie, et le triomphe de la nature. Ce que la mort te paroit dans une telle situation, elle l'est en effet. Mais l'ivresse de ton bonheur te la fait envisager sous un faux point de vue, qui produit en toi cet oubli ce mépris des vrais biens qu'elle nous procure. La mort nous donne plus qu'elle ne nous ote, ô homme! tu as reçu en partage des dons bien précieux, mais, incapable de tenir un juste milieu entre la crainte et l'espérance, et de te laisser conduire par la raison, seul guide infaillible, tu en abuses honteusement. Tu as été créé uniquement pour la sagesse et pour le bonheur, et toute ta vie n'est qu'un tissu de folies, d'erreurs, et de tourmens factices. Apprens donc, et rapelle toi souvent, que mourir, n'est que remplir le but pour lequel nous sommes nés; que mourir n'est que cheminer dans la grande route, sur laquelle, depuis qu'il existe des êtres, on en rencontre une foule innombrable, s'empressant tous d'arriver au terme qui leur a été fixé, sans distinction ni de rang ni de qualité, sans montrer ni vanité ni mépris, le grand à côte du petit, le riche à côte du pauvre, et l'oppresseur à côté de l'opprimé .Mourrir nést qu'échanger une nature abjecte contre une nature plus relevée, se dépouiller de l'enveloppe terrestre, se regénérer, recommencer une nouvelle carriére, plus brillante. Mourir nést qu' abandonner la société des fols voluptueux, des calomniateurs, des juges iniques, des hommes glorieux, ambitieux et interessés, pour s'unir par des liens indissolubles, aux nobles, aux esprits supérieurs, aux plus dignes de notre espéce — C'est la mort qui nous délivre des peines et des souffrances de la vie; elle nous a été accordée comme le plus grand des bienfaits, pour en adoucir les amertumes; elle rend la santé au malade, la force au languissant; C'est elle qui délivre le prisonnier de ses chaines, qui rétablit l'équilibre, et fait disparoitre toutes les grandeurs, toute la différence des états; elle nous rend tous enfans d'un même pére, sujets d'un même maître. Aucun mortel n'a encore pu lui échapper. C'est elle que les grands hommes de l'antiquité, ont vu arriver avec indifference; que tant d'hommes ont souhaittée, accélerée; que les plus foibles même, qu'hier encore ton esclave, ta servante ont envisagée avec un mépris dédaigneux. La nature entiére ne fournit aucune scéne, qui, en majesté

majesté et en grandeur, soit comparable à la mort. L'ensemble de mon être s'agite, entre en fermentation et se consume. Toutes les forces de mon corps travaillent à sa destruction et l'épuisent. Tout à coup les liens qui me tenoient attaché à cette vie se trouvent déchirés—mon corps reste là, froid et insensible et—je ne suis plus,—j'ai disparu. Je pars, j'abandonne tout, je puis me passer de tout ce qui servoit à nourrir la haine, l'envie, et les persécutions du monde. L'on me cherche par tout, mais c'est inutilement; l'on n'apprend à me connoître que depuis que je suis absent, et mes actions me donnent une existence après ma mort. L'on désire mon retour, mais c'est vainement — que cette scène est remplie de dignité! Mais c'est sur tout, lorsque Dieu descendra au milieu de la tempête, ou qu'il commandera au vent du sud, de rassembler ses exhalaisons empoisonnées et de les répandre sur toute la surface de la terre! C'est alors que chaque fleur de la vie se trouvera flétrie, que l'orgueilleux sera humilié, que le fort se sentira affoibli, que le puissant sera abaissé, et que les couronnes seront ébranlées. Contemplés ce monarque qui dans l'insomnie dont il est tourmenté, couve des projets qui doivent décider du sort des peuples. La mort se glisse à coté de son lit, effleure un vaisseau imperceptible de sa cervelle, et — tous ses projets sont évanouïs, et des nations entières se voyent sauvées ou détruites. La mort ne se laisse point attendrir par la beauté, les richesses ne sauroient la tenter, ni la puissance l'effrayer, elle est sourde aux cris aux lamentations. Qui que tu sois, ton tems est venu, et ton rôle est joué! --- plus de miséricorde! il faut partir de cette terre, pour être transplanté dans des régions où tous les vivans ont été rassemblés depuis des milliers d'années; où il n'y aura qu'un seul maître : et ce maître est Dieu; dans des régions qui n'admettront point de favoris, point d'exceptions aux loix immuables de la nature!

Dieu dit à chacun de ceux qui vont naitre, à sa premiére entrée dans la vie.

„ Reçoi l'existence, à la place de celui qui vient „ de quitter la scène, et que tu es destiné à remplir! Ces parties qui composent ton enveloppe „ terrestre, existoient déja en même tems que les „ parties de ceux qui t'ont précédé. Je les ai rapellées pour les mettre à leur place, Ces parties, cette enveloppe t'ont été données pour remplir le „ rôle qu'exige de toi l'enchainement de ce grand „ tout, la derniére fin, et le bien être de toutes „ les créatures. Ne ressemble point au mauvais „ débiteur qui nie sa dette, lorsque le terme auquel il doit l'acquitter est échû. Tu n'es qu'une „ partie de ce tout immense, dont tu dois suivre „ l'ordre et les loix établies. Ne me demande donc „ point l'impossible, et que, contraire aux loix „ immuables que j'ai établies, je te préfére à ceux „ qui t'ont précédé, ou qui doivent te suivre, et „ qui valent mieux que toi. Modére tes prétentions

„qui ne peuvent ni ne doivent être satisfaites. Si „tu te refuses à ces avis que je te donne, ne t'en „prens point à moi, de ce que ton séjour ici bas, „ne t'est pas rendu aussi agréable qu'il auroit pu „le devenir, si tu avois su mettre un frein à tes „désirs. Ne t'assujettis pas si servilement à cette vie, „qui n'est qu'un état de préparation. Ne crois pas „que j'aie déja épuisé ici bas tous mes trésors. Ce „seroit prétendre arrêter les loix de la nature, et „renoncer au bonheur à venir, que de vouloir pro„longer cette vie, que d'hésiter à abandonner cet„te terre, cette forme, cette enveloppe. Ce seroit „décéler la bassesse, la foiblesse de ton esprit, „tellement amoureux du présent, qu'il n'attend „plus rien au-de-là; ce seroit même vouloir me „disputer la possibilité, de préparer à l'homme une „félicité plus parfaitte. Ne me reproche point d'ê„tre un créancier dur, inexorable; je n'éxige que „la restitution de cette forme, qui ne t'a été don„née que pour être asservie à ton esprit, pendant „le cours de cette vie. Je te laisse l'existence de „cet esprit; tu la conserveras tandis que les roy„aumes seront renversés, que les parties du mon„de periront, que la terre même sera détruite. Je „renverse ces royaumes, je détruis, je ravage, je „change ces parties du monde; pour ne point te „laisser consumer d'ennui, pendant le tems que tu „t'arrêteras ici-bas; pour exercer les facultés de „ton esprit, par des objets toujours renaissans, „par une variété continuelle; et, lorsque tu te

„ seras dépouillé de cette enveloppe, pour te „ montrer enfin, par ce bouleversement même, „ que je ne suis point un Dieu destructeur, mais „ le Dieu de l'ordre et de l'harmonie; que c'est „ en détruisant que je produis, que j'édifie, que „ je reconstruis avec plus de magnificence pour „ les êtres de ton espèce; que cette terre ne s'en- „ tr'ouvre, que cette mer ne s'agite, ne s'élève, „ et n'engloutit des provinces que pour ton avanta- „ ge, pour celui de tous les êtres, de ceux même qui „ paroissent le plus en souffrir. Toute naissance est „ mort, toute mort est naissance. L'une cesse où „ l'autre commence. Je ne puis rien détruire sans „ qu'une nouvelle production n'en soit un effet im- „ médiat. Il ne te reste point d'option; il n'y a „ point de milieu ici. Il faut te résoudre, ou, à „ voir, à entendre, à sentir toujours les mêmes „ choses; et par conséquent à languir dans l'ennui, „ le dégoût et l'insensibilité; ou, si tu veux que je „ nourrisse l'activité de ton esprit par de nouveaux „ objets, de nouvelles idées, par des connoissances „ plus étendues; je ne puis le faire qu'aux dépens „ de formes déja existentes. Voilà ce que tous les „ êtres de ton espèce exigent de moi. Je ne saurois „ les contenter tous; je ne saurois même satisfaire „ tes propres désirs, s'il me falloit garder des mé- „ nagemens avec chacun en particulier. Il viendra „ donc aussi un tems où je serai obligé de réduire „ ta forme, parce que je suis un Dieu impartial, „ sans favoris, et que tous me sont également chers;

„et comme la bonté et la perfection résident en „moi; tous les changemens que j'opére ne sau„roient tourner en mal, et doivent avoir le bien „général pour objet. La dureté apparente dont tu „m'accuses est bonté et miséricorde; et les dé„fauts que tu crois me trouver rendent témoigna„ge de ma haute sagesse. Je ne t'aurois pas fait „passer par ces grades abjects, je ne t'aurois pas „soumis à l'empire de la douleur et de la mort: „au moment de votre premiére existence, je vous „aurois tous créés pour jouir du plus haut degré „de bonheur, si cette espèce de bonheur avoit „été possible, sans vous rendre infiniment mal„heureux et misérables. Je n'ai choisi que les „moyens que me dictoit ma sagesse. Je vous ai „rendus petits et foibles, afin que vous devinsiez „forts et puissans; je vous ai donné des imperfec„tions; mais vous avez reçu des facultés et des „forces analogues pour les surmonter; vous avez „reçu des défauts, mais ils ont été accompagnés „de l'aversion qu'ils inspirent, pour réveiller en „vous le pouvoir et les moyens de les combattre. „Ne vous mettez point en comparaison avec le „fantôme que votre imagination s'est elle-même „créé; rendez vous conformes au but de l'uni„vers, et vous trouverez qu'il ne vous manque „rien, et que vous êtes précisément ce qu'il fal„loit que vous fussiez. Ce but exige que vous „vous acheminiez à la perfection, par une grada„tion, vous ne sauriez être, dès le commence-

ment,

„ment, ce que vous ne pouvez devenir que par „ la suite; parce qu'il ne m'est pas possible de „ produire mon semblable, et qu'il est de la nature „ d'un être borné, d'avoir ses périodes d'accroisse- „ ment et de perfection: parce qu'il est de sa natu- „ re qu'il lui manque toujours quelque chose, et „ que ses défauts même l'animent à se rendre plus „ parfait. Celui-ci est amené par la maladie à la „ tempérance; celui là est conduit par le mépris „ à une juste appréciation de lui-même, et à l'ac- „ quisition de plus grands mérites; un troisiéme „ par la misère à la diligence et à l'industrie; par „ l'imprudence et des maux soutenus, à la sagesse, „ à la patience, et à la résignation à mes volontés. „ Il y a des hommes à qui j'ai accordé la puissan- „ ce et l'abondance, et qui, à cause de cela, sont „ considérés comme mes favoris, par des envieux „ à qui j'ai refusé ces biens. D'autres ont été rap- „ prochés de moi par des afflictions. Tous les maux „ que je vous envoye sont des corrections, des „ avis pour être sur vos gardes, pour rentrer en „ vous-mêmes, pour développer vos facultés, et „ vous rappeller à moi. Parmi ces maux même je „ vous ai donné la mort, pour vous arracher avec „ violence d'un séjour auquel j'ai prévû, qu'à dé- „ faut de lumiéres dont vous n'étiez pas encore „ susceptibles, vous seriez trop fortement attachés.

„ Sois équitable, et quand même pour me con- „ former à tes vœux, je pourrois être un Dieu „ partial, considére donc combien de changemens

„ je serois obligé de faire à mon ouvrage qui n'ad„ met aucune prédilection; réfléchis que si j'enlève „ un seul grain de sable à cet univers, le monde „ est détruit et qu'il faut en produire un autre! „ Ne serois-je pas injuste en refusant à d'autres les „ mêmes choses que tu demandes que je t'accorde? „ Ou, prétendrois tu que je fisse pour toi seul, ce „ que je refuse à ceux qui valent incomparable„ ment mieux que toi; moi, qui suis non seule„ ment ton pére, mais aussi le pére de tous? Te „ contenterois tu même de cette condescendance de „ ma part, et tes prétentions, tes désirs indiscrets, „ ne s'accroitroient ils pas à mesure qu'ils seroient „ satisfaits? L'on te verroit encore à la fin, pousser „ la folie au point de murmurer contre moi, de ce „ que je ne t'ai pas rendu le maître de cet univers, „ et soumis toutes les autres créatures à ta volonté; „ de façon que le despotisme universel seroit le „ terme de tes désirs. Mais qu'aurois tu gagné par„ là? Crois-tu donc que tous ces esclaves que tu „ voudrois voir ramper à tes pieds, ne s'efforceroient „ pas de secouer le joug que tu leur imposerois, „ ou, n'essaieroient au moins de retenir ce despote „ immortel dans l'inaction? Ou, voudrois tu qu'ils „ fussent sans ame, sans sentiment, attentifs seu„ lement à t'obéir au premier signal? Pauvre insen„ sé! Ne vois tu pas que de dégoût t'inspireroient, à „ la fin, cette soumission méchanique, ces auto„ mates d'une nature si différente de la tienne; „ combien tu sentirois tes facultés, l'activité de

„ ton esprit rétrécis, par cet abandon total de tou-
„ te opposition? Un sommeil léthargique sembla-
„ ble à la mort, seroit donc l'objet de tous tes dé-
„ sirs! Ce seroit être ton ennemi, te punir, t'ac-
„ cabler, te rendre misérable; que de t'accorder le
„ bonheur illusoire, après lequel tu soupires. Mais
„ ce seroit toi-même, et non pas moi, qui te don-
„ nerois la mort, en demandant à vivre éternelle-
„ ment ici bas.

„ Abandonné ainsi à toi-même, rempli de désirs
„ aussi insensés, aussi contradictoires, te précipi-
„ tant dans le malheur, bien loin de travailler à ton
„ bonheur, comment aurois je pu prêter l'oreille à
„ tes vœux, à tes prétentions, dans le plan que j'ai
„ formé pour l'arrangement de ce monde; moi,
„ qui voulois te rendre heureux et non pas miséra-
„ ble, qui voulois ta vie, et non pas ta mort? Tu
„ n'as point été oublié dans les dispositions pleines
„ de sagesse, que j'ai faites pour cet univers. J'ai
„ suivi ma volonté, sans égard à la tienne, et je
„ suis assuré d'avance, que tu me sauras gré un
„ jour, de t'avoir rendu abject, foible, borné,
„ inconstant et mortel. C'est pour cet effet que je
„ t'ai laissé former ces vœux insensés; que j'ai
„ souffert que tu méconnusses tes intérêts; que
„ j'ai permis que tu murmurasses contre mes dé-
„ crets; afin qu'éclairé par la raison tu reconnois-
„ ses un jour, que j'ai veillé là bas, pour toi, avec
„ les soins les plus paternels, que je t'ai aimé avec
„ la plus vive tendresse, lors même que je t'ai

„ paru agir, envers toi, avec dureté et injustice;
„ que tu reconnoisses que tes prétendues adversités
„ ont contribué à ton plus grand bonheur; qu'el-
„ les étoient la seule voye possible pour te con-
„ duire à la félicité, dont tu auras un jour à te ré-
„ jouïr; que j'ai été économe de mes bienfaits,
„ que je ne les ai pas dispensés à la fois afin que
„ tu t'en rendes plus susceptible, que tu les éprou-
„ ves et plus souvent et plus longtems, et enfin
„ pour que tu reconnoisses que la sagesse de
„ l'homme n'est point celle de Dieu.

"Cesse donc de te tourmenter par des vœux aussi
„ insensés qu'indiscrets. Soumets toi aux loix et à l'or-
„ dre de ce tout dont tu fais partie; cesse de me solli-
„ citer à te haïr et à aimer les autres plus que toi. Je ne
„ traite personne, pas même un insecte aussi mal
„ que tu voudrois que j'en agisse avec toi. Je t'aime
„ plus que tu ne t'aimes toi-même. La force que j'ai
„ de me refuser à tes supplications doit te convain-
„ cre que je suis ton pére, le pére de tous les
„ êtres. J'ai ordonné à la mort d'aller là bas, dans
„ cette partie du monde, moissonner à la fleur de
„ son âge l'unique heritier d'un grand royaume; ni
„ sa puissance, ni sa pompe n'ont pû m'éblouir.
„ Tous les trésors de ce royaume m'ont été offerts
„ en rançon; on a voulu me gagner comme un
„ juge inique. Des milliers d'hommes se sont jettés
„ à genoux, et se sont rappellés que je suis le maî-
„ tre qui donne et qui ôte la vie. La vie de plu-
„ sieurs milliers d'ames étoit attachée à celle d'un

„seul. La guerre et la destruction d'une partie du „monde, étoient les suites inévitables de cet évè„nement; mais --je ne me suis point laissé fléchir. „L'enchainement de ce tout immense exigeoit à „grand cri, d'une maniére irrésistible que cette „fleur fut flétrie, et elle est tombée. Voilà ma vo„lonté; elle est invariable, éternelle. La précipi„tation ne peut avoir lieu chez moi. Les cris, les „larmes, les lamentations ne sauroient m'émou„voir, et m'engager à faire une exception arbitrai„re aux loix immuables de la nature, ni à changer „la marche du monde, pour l'amour d'un seul „individu; car je ne serois plus un Dieu tout „puissant, si je devois recevoir des directions de „ma propre créature, et soumettre mon ouvrage „à sa censure. Ainsi ma volonté doit être obeïe, „parce qu'elle est la volonté universelle! ainsi, „meurs, puisque tu es né!„

Telle est la teneur du contrat de la vie; telle est la perspective qui s'ouvre devant nous. Que ce contract est consolant, que cette perspective est riante! Par-là, le monde devient un ensemble parfait, l'homme acquiert de la dignité, chaque chose a sa destination qui lui est propre, le mal même tend au but général, et Dieu apparoit comme l'être suprême et comme l'auteur de la nature. Je n'ignore plus pourquoi je suis placé ici, pourquoi je dois y souffrir, puis que toute chose est à sa place et tend au but. Pourquoi seroit-il au dessous de la dignité de Dieu de se proposer un but ? Ce but existe, il fonde nos espérances; la terre entiére, son ensemble, ses révolutions en font foi; il est le moteur universel, qui détermine les actions de tous les êtres pensants, qui est la source de tous leurs plaisirs, et le terme de leur félicité. Sans but, cet univers ne seroit plus un ensemble; par lui tout est ce qu'il doit être.

Lors qu'enfin l'heure sera arrivée où il faudra qu'à mon tour aussi je subisse la dissolution, et que la mort se sera jettée sur moi, comme sur une proye assurée; lorsque le médecin aura haussé les épaules, que les yeux de mes amis seront remplis de larmes, qu'ils s'efforceront de me cacher; lorsque, jettant sur moi un coup d'œil de compassion et de douleur, ils calculeront les momens que ce corps pâle, immobile, froid, et insensible, ressemblant à une demeure déserte qui vient de perdre son locataire, donnera encore quelques foibles signes de vie, avant que de se voir abandonné par l'esprit qui travaille à se dépouiller de son enveloppe; alors ô seigneur! ne permets point que j'oublie ces principes; ne permets point que je me montre en lâche, que je démente ma doctrine, et que je m'écarte de la conduite que j'ai tenue; c'est alors que je désirerois que tu commandasses à la douleur de m'épargner pendant quelques momens, afin que je puisse encore rassembler autour de moi mes enfans, leur rappeller ma vie, comme un exemple à suivre, un héritage à recueillir; afin de les exhorter à la vertu, et de leur dire que quoique je parte d'ici, tu ne les abandonneras pas ô seigneur! permets que je m'acquitte des devoirs de la reconnoissance vis-a-vis de la compagne fidèle de mes jours, que je lui inspire du courage, que je l'assure que je ne serai point à jamais perdu pour elle. Fai que la douleur et la tristesse des assistans ne me gagnent point; que la sérénité de mon esprit se repande sur eux; qu'ils apprennent que ce calme et cette sérénité de l'esprit au lit de la mort, sont uniquement le fruit d'une vie consacrée à la vertu, qu'ils apprennent, qu'au moins dans ce moment critique, sur le point de franchir les limites de la vie, la vertu ne nous abandonne point, quoique ceux qui lui ont été les plus attachés, ont eu les plus rudes combats à essuyer, contre les adversités pendant le cours de leur vie. Et comme les instructions au lit de la mort, soutenues par l'exemple, font une impression ineffaçable sur l'ame des assistans; permets, que pour l'amour de la vertu, je puisse employer ce peu de momens qui me resteront encore, à persuader par mes leçons, combien la vertu a de puissance et d'attraits; à inspirer l'horreur du vice, à montrer la fragilité des biens d'ici bas, et à nourrir l'espérance de la perspective que je touche, au moment de la voir s'ouvrir à mes regards. Et pour lors, quand j'aurai rempli cette derniére fonction avec dignité et onction; fai que je detourne mes regards de cette terre, que je les jette sur toi, ô, Dieu! auquel je vais bientot m'unir, et que je rassemble les forces qui me resteront, pour m'écrier avec ardeur et confiance.

„Seigneur! Le tems de mon pélérinage sur „cette terre, est expiré; c'est maintenant à toi à „m'appeller en jugement, pour prononcer si j'ai „bien ou mal employé ce tems, si j'ai mérité gra„ce ou condamnation. J'ai cherché avec empresse„ment la vérité, parce qu'elle ne sauroit te déplai„re, à toi qui est la source de la vérité. C'est d'a„près mes principes et ma conviction que j'ai tou„jours taché d'âgir, prêt à reconnoitre la vérité, „dès que je me suis reconnu dans l'erreur: j'ai „fait pour cet effet tout ce qu'il a dépendu de „moi. Si je me suis égaré, c'est involontairement. „Les hommes avec lesquels j'ai vecu, sans avoir „été meilleurs et plus éclairés que moi, ont voulu „s'emparer de mon esprit, et m'obliger à rece„voir comme vérité des opinions, et ils ont passé „condamnation sur moi, d'après leur conviction „seulement, et non pas la mienne. Mais, je sais „seigneur! que les jugemens des hommes ne sont „pas les tiens, et que c'est à mes actions, et non „à mes opinions que tu auras égard. Si je n'ai pas „exactement observé tes préceptes, considére que „l'ignorance, l'emportement de la jeunesse se sont „emparés de moi et m'ont égaré, jusqu'à ce que, „dans un âge plus mur, instruit par l'experience „et des chutes réïterées, j'ai reconnu, seigneur! „que tu ne commandes ni ne defends rien à l'hom„me, que ce qu'il se seroit commandé ou défendu

„ à lui-même, si la saine et sage raison avoit tou„jours été le seul guide de sa conduite. Mais aussi, „lorsque j'ai été éclairé par l'age et l'expérience, „ai-je abusé des facultés qui m'ont été accordées? „ai-je refusé de soumettre mes sens, mes désirs „et mes opinions à ta volonté? ai-je jamais mur„muré contre les décrets de la providence, lors„que j'ai gémi sous le poids des adversités les plus „cruelles. J'ai été malade et j'ai langui dans l'in„digence; et je me suis réjouï d'avoir souffert la „maladie et la pauvreté, car tu l'as voulu ainsi. Je „suis tombé dans le mépris et dans la misère, et „je m'y suis soumis, parce que telle a été ta vo„lonté. J'ai été exposé aux injustices les plus cri„antes; mais j'ai mis ma confiance en toi, con„vaincû que ce n'étoit pas sans raison que ces „afflictions m'ont été envoyées. J'ai sû qu'il ne „pouvoit m'arriver de bien ou de mal ici bas, qui „ne fût une conséquence nécessaire de l'enchaine„ment de cet univers, et j'ai été persuadé que cet „enchaînement n'exigeoit pas que mon malheur fut „prolongé dans l'éternité. M'as tu jamais vu, „seigneur! mécontent de mon état, découragé, „et manquant de confiance en toi? J'ai toujours „été disposé à me soumettre avec résignation à „tous les maux que tu as jugé à propos de me „dispenser, et je le suis encore dans ce mo„ment. J'ai respecté ta volonté, lorsque tu me „l'as faite connoître, comme une loi sacrée et invi„olable. Tu veux maintenant que, fatigué ou non

„de cette vie, je quitte cette scéne, et je suis prêt „à l'abandonner, en te rendant grace de ce que ta „bonté m'a jugé digne d'y remplir un rôle, d'en „partager la magnificence, et de voir, en raison „de mes foibles lumiéres, se développer à mes „yeux étonnés l'ordre et la sagesse infinie, avec „lesquels tu gouvernes cet ensemble. Et mainte-„nant, que cette terre s'entr'ouvre pour recevoir „dans son sein cette enveloppe dont je vais me „dépouiller, afin de m'unir plus étroitement avec „toi, être de tous les êtres!„

FIN.

www.ingramcontent.com/pod-product-compliance
Ingram Content Group UK Ltd.
Pitfield, Milton Keynes, MK11 3LW, UK
UKHW031950260826
14628UKWH00004B/1980

9 782019 711801